AF258182

OPINION

DU
CITOYEN RISTON,

SUR

LE PROCÈS DU CI-DEVANT ROI

LOUIS XVI,

A LA CONVENTION NATIONALE.

Discite Justitiam moniti, non temnere divos.

VIRGILE, Enéïde.

LE souverain (les 83 départemens) vous observe, vous écoute, il attend..... il vous jugera.

Prix, ❀ sous.

A PARIS.

De l'Imprimerie de LANGLOIS fils, rue du Marché Palu.

1792.

OPINION

DU

CITOYEN RISTON,

SUR

LE PROCÈS DU CI-DEVANT ROI

LOUIS XVI,

A LA CONVENTION NATIONALE.

LOUIS XVI PEUT-IL ÊTRE MIS EN JUGEMENT ?

Telle est la question, aussi importante que facile à résoudre, qui agite l'Europe entière.

Tous les orateurs qui l'ont traitée jusqu'à présent, se sont tous plus particulièrement attachés à établir que Louis XVI étoit coupable ; tous également dirigés par une passion quelconque, toujours pernicieuse et

A 2

condamnable dans un législateur et dans un juge , se sont emportés au-delà du cercle de la question, et ont conclu, par des faits qui lui sont étrangers , que Louis XVI pouvoit être mis en jugement.

Examiner une question avec la détermination fixe d'en appliquer la solution à un individu ou chéri ou haï, c'est le moyen le plus sûr de déraisonner, parce que là où le cœur et la passion dominent, si la raison ne s'éclipse , au moins elle s'affoiblit.

Les orateurs qui ont parlé , discerté et imprimé jusqu'à ce moment, sur ce sujet, ont été préocupés des délits qu'on impute à Louis XVI ; ils se sont plus attachés à sa personne qu'à la question en elle-même ; c'est par les affections diverses de leurs irritations qu'ils ont écrit, qu'ils ont soutenu avec plus ou moins de véhémence que *l'inviolabilité de la personne d'un roi constitutionel, écrite dans la charte nationale,* qui est un contrat synallagmatique entre Louis XVI et la nation française , est contre la justice naturelle et ne peut être appliqué à aucun des cas où ils le classent. Ils prétendent nous persuader que nous pouvons faire passer au' creuset de la variante nature , à l'alambic de leurs besoins passagers et au gré de leurs desirs, de leurs affections et de leurs irritations, nos loix, nos conventions, nos traités, lorsqu'ils s'expliquent *impérieusement*. N'est-ce pas nous proposer un attentat direct à nos loix, à nos conventions, à nos traités, à notre liberté générale et personnelle ? N'est-ce pas nous réduire à l'esclavage des passions les plus déréglées et de tous les vices qui les accompagnent ? N'est-ce pas vouloir nous mulcter par des injustices continuelles, et prolonger les scènes de sang et d'horreur des 2 et 3 septembre dernier ? N'est-ce pas enfin nous réduire, non sans honte et sans désespoir, à regretter les règnes de Louis XIV, de Louis XV et de Louis XVI.

Loin de nous un systême aussi traître, aussi funeste à notre liberté. Il ne nous séduira pas.... Que dis-je ? il excite notre indignation ! Nous le pardonnons au souvenir des maux que nous avons soufferts et dont nous étions menacés. Mais plus notre situation a été douloureuse, plus notre état est encore critique, plus nous devons desirer la paix, maintenir nos loix et aimer la justice.

Le principe de la justice, sans laquelle ni les royaumes ni les républiques ne peuvent

subsister long-temps , est l'exécution rigoureuse des loix qui régissent l'ordre de toute
société. Si l'on manque à cette exécution
rigoureuse ; si l'on change, si l'on modifie ,
si l'on interprète ces loix , après des délits
existans , avant ces changemens, ces modi-
fications , ces interprétations , pour les appliquer à ces mêmes délits , on commet une
injustice révoltante. Quelques individus, soit
par besoin , soit par égarement, peuvent bien
en être capables ; mais une nation entière ne
s'en souillera jamais ; et si cette injustice
pouvoit prévaloir un instant , ce ne seroit
que quand sa liberté seroit enchaînée , con-
trainte par des secousses violentes , par une
stupeur partielle, qui ne pourroient amener à
leur suite que plus d'amour pour la justice ,
que plus d'énergie pour la soutenir , et que
des vengeances plus sanguinaires.

L'injustice a toujours rendu les hommes
ennemis les uns des autres , parce qu'elle
attaque *l'égalité* consacrée par *la loi* , en
attribuant contre la teneur d'une convention
positive , à une partie , ce qui ne lui appartient pas , et en enlevant à l'autre ce qui lui
appartient.

Le premier gage de la justice est la paix

intérieure ; c'est la source d'où découle la félicité publique et la prospérité des royaumes et des républiques. Si l'injustice triomphe , ceux qu'elle a opprimés sont en guerre avec les oppresseurs ; et ces derniers , devenus plus grands et plus fiers , cherchent encore à s'agrandir par l'iniquité : tolérer dans une société , des hommes qui puissent tout oser , qui osent tout , par des secousses violentes , qui justifient tout par des mensonges atroces , et qui osent le plus souvent avec succès , c'est leur fournir tous les moyens de déïfier l'injustice et leur ouvrir la porte à la tyrannie.

Cette injustice , cette tyrannie sont insupportables , sur-tout quand elles attaquent le contrat primitif , lorsqu'elles interprètent à leur gré nos loix et nos conventions ; elles rendent la protection de ces loix , de ces conventions funestes à ceux qui , de bonne-foi , s'y confient ; avec le temps , elles ouvrent les yeux aux foibles , elles ne leur laissent que le désespoir ; et comme c'est le dernier effort de l'humanité, c'est aussi le plus puissant et le plus redoutable.

Jetons les yeux sur tout ce qui nous a environnés ; réfléchissons sur les événemens qui se sont succédés ; sur ces événemens dont on dénature la cause , et dont nous ne prévoyons pas encore les effets ; le système qu'on préconise , l'*injustice* , est leur principale cause. Si j'examinois la conduite des courtisans , des ministres de Louis XVI , je ne finirois pas de donner des preuves directes de mes assertions , je pourrois la proposer pour un exemple terrible , à la convention nationale , à la république entière , si elles manquoient à remplir leur premier devoir , leur devoir de tous les jours , celui de la justice ; l'exécution rigoureuse des loix , des conventions envers tous les hommes , de quelque classe qu'ils aient été ou qu'ils soient , et dans quelque situation qu'ils se trouvent.

Grace soit rendue à la convention nationale ; au milieu du tumulte des passions les plus louables ou les plus criminelles , au milieu du cahos des idées les plus effervescentes , elle a , pour la sûreté générale , pour sa propre existence et pour sa sûreté personnelle , consacrés ces principes ; elle a décrété : « Que
» les anciennes loix, non abrogées, (la cons-
» titution de 1791) seroient observées jusqu'à
» la formation des nouvelles loix et de la
» nouvelle constitution projetée ». Toutes imparfaites que soient ces loix et cette cons-

titution , par rapport à notre situation ac-
tuelle , elles sont justes , parce qu'elles nous
lient tous également ; elles sont notre sauve-
garde , parce que , sans cette égalité , qui
nous oblige mutuellement à leur stricte ob-
servance , nous serions à la merci des méchans
agitateurs , des discoureurs sans principes ,
fléaux inévitables dans les circonstances où
nous nous trouvons.

D'après ces bases, de toute société durable ,
que le temps ne peut qu'affermir , que
l'homme juste et libre cherche à consolider ,
que les méchans, les factieux tentroient en
vain de détruire , je vais , avec les yeux de
la loi , sans autre affection que l'amour de
la justice, traiter cette grande question de
l'*inviolabilité royale*.

Pour que ma raison et celle de mes lecteurs
ne s'égare point, je pose la question ainsi :

*Un roi régnant , par la constitution
de 1791 , peut-il être mis en jugement ?*

L'article 2 , du chapitre 2 , du titre III ,
de la constitution , qui est un contrat obliga-
toire entre la nation qui l'a rédigée et présentée au roi , et le roi qui l'a acceptée , dit :
*LA PERSONNE DU ROI EST INVIOLABLE ET
SACRÉE , son seul titre est roi des français.*

Ces mots : La Personne, désignent, avec *celui de sacré*, que l'inviolabilité porte, non-seulement sur la qualité de roi, mais encore sur *l'individu, le corps et la personne revêtus de la royauté* ; ainsi, les actes qui émanent de la personne privée, comme de la personne publique, sont tous l'égide de l'inviolabilité ; ce qui rend cette conclusion juste et inattaquable, c'est le raprochement de cet article, de l'article VI, de la section 4, du même titre, qui porte : *En aucun cas, l'ordre du roi, verbal ou par écrit, ne peut soustraire un ministre à la responsabilité.* Il suit naturellement, de ces deux articles, que le roi constitutionel, qui auroit donné à un ministre, soit par écrit, soit verballement, un ordre attentatoire en tous les points à la constitution, est *inviolable* ; mais que ses ministres ne peuvent se prévaloir de cette inviolabilité, qui s'étend sur la personne du roi, à laquelle elle est restreinte (1).

----

(1) J'ai lu M. Necker, au moment où j'imprimois mon opinion. J'ai été frappé de la manière lumineuse dont il a défini les motifs de l'inviolabilité royale ; motifs applicables également à l'inviolabilité des représentans de la nation. Mes lecteurs auront besoin, sans doute,

L'art. *VI*, du même titre, porte : *si le roi se met à la tête d'une armée et en dirige les forces contre la nation, ou s'il ne s'oppose, par un acte formel, à une telle entreprise qui s'exécuteroit sous son nom, IL SERA CENSÉ AVOIR ABDIQUÉ LA ROYAUTÉ.*

Les mots : *SI LE ROI SE MET A LA TÊTE D'UNE ARMÉE ET EN DIRIGE LES FORCES CONTRE LA NATION*, désignent bien formellement une action privée et personnelle, qui emporte avec elle la seule peine de *l'abdication présumée*; ces mots font écrouler la distinction sophistique de la personne du roi, prise *individuellement* avec la personne du roi, comme *fonctionnaire public*; sous les deux aspects, la personne du roi est INVIOLABLE ET SACRÉE.

Quels crimes plus grands peut commettre un roi constitutionnel, que ceux prévus par cet article? Quels sont les moyens qu'il employe pour diriger une force armée contre la nation? Ce sont toujours la politique ou le mensonge, les perfides correspondances et l'argent de la nation. Quelles sont les suites

---

de relire cet article, qui se trouve dans les dernières pages de son opinion, sur le procès de Louis XVI.

de cette force armée contre la nation? Ce sont le feu, le fer, les trahisons et les assassinats de tous les genres! Que peut-on reprocher de plus à un roi constitutionnel? La nation avoit prévu le cas, puisqu'il est exprimé dans l'article VI. Elle avoit conséquemment prévu tout ce qui devoit précéder, accompagner et suivre l'action d'un roi qui se met à la tête d'une armée contre la nation. Quelle est sa punition dans tous *ces cas prouvés?* Il est CENSÉ AVOIR ABDIQUÉ LA ROYAUTÉ. Relisez la loi; c'est vous nation Française qui l'avez faite par vos représentans; c'est vous qui, après l'avoir souscrite, l'avez présentée à l'acceptation d'un roi, avec lequel vous avez voulu librement contracter; je vous le demande: n'est-ce pas à vous à la faire respecter et à la faire exécuter? Il ne s'agit pas d'examiner ce qu'est la loi ni ce quelle devoit être; il ne s'agit QUE DE SON EXÉCUTION. Vous ne pouvez être considéré, avec le roi constitutionnel, que comme deux parties contractantes librement, et soumises également à l'exécution de toutes les clauses de votre contrat; vous ne pouvez, sur-tout, quant au cas prévu, tel que dans l'art. VI, le dissoudre, le changer, sans commettre un grand crime, celui qui mène à tous les autres, qui entraîneroit votre dissolution ; L'INJUS-TICE. Je dis plus ; s'il étoit survenu une difficulté sur l'application d'une clause douteuse de ce contrat, ni vous, ni les rois constitutionnels, ne pourriez la juger ; et j'ajoute, que si elle se résolvoit par une *force majeure ou par une violence irrésistible*, nul ne pourroit, sans une injustice révoltante, reporter les effets de la dissolution de cette clause que sur l'avenir, et *jamais sur le passé*..... Ainsi l'ordonne la morale, la justice éternelle, l'égalité, le respect des propriétés et des personnes, VOS SERMENS ENFIN. Je ne révère religieusement que ces principes, qui vous défendent impérativement d'aller en de-çà, et au-delà des conventions que vous avez mûrement réfléchies, et librement consenties.

L'article VIII, toujours du même chapitre et du même titre de la constitution, porte :

Après l'abdication expresse ou légale, le roi sera dans la classe des citoyens, et pourra être accusé et jugé comme eux, pour les actes postérieurs à son abdication.

Si je réunis cet article et les articles II et VI dans un seul contexte, il en résulte, en solution totale et vraie, que le roi constitutionnel, considéré comme *individu* ou comme *roi*, est INVIOLABLE tant qu'il exerce la royauté ; que ses actions *privé* ou *publique* ne peuvent être mises en jugement, que pour déclarer si elles sont *constantes ou non*, pour entraîner *l'abdication* ; certe, les articles cités ne veulent impérativement que *l'individu royal* ne puisse être accusé ni jugé qu'àprès *l'abdication légalement prononcé*, *et seulement sur les faits postérieurs à cette abdication.*

La constitution a donc prévu tous les cas les plus extrêmes, qui peuvent rendre criminelle la conduite d'un roi ; elle a aussi prononcé la seule peine qui puisse lui être infligée. Ainsi, la nation ne s'est réservé que le droit de juger les cas de l'abdication présumée : *elle s'est exclue du droit de juger la personne ;* ce sont-là les conditions sacramentelles, sans lesquelles le roi n'auroit pas souscrit la charte constitutionnelle.

Les mêmes principes de justice que je viens de développer, s'appliqueroient également *à un député*, dont la PERSONNE EST INVIOLABLE. On lit dans la constitution : « *les représen-* » *tans sont* INVIOLABLES ; *ils ne pourront* » *être recherchés, accusés ni jugés,* EN AU-

» *CUN TEMPS , pour ce qu'ils auroient DIT ,*
» *ÉCRIT , OU FAIT , dans l'exercice de leurs*
» *fonctions de représentans* ». Cette loi a été
prudemment promulguée , pour établir la liberté des opinions et des actions des représentans; aussi ne peut-on pas accuser ni
faire le procès à l'assemblée constituante,
pour avoir accordé à Bouillé LA MENTION
HONORABLE dans son procès verbal SUR SA
CONDUITE A NANCY, et lui avoir écrit, par
son président, une lettre de satisfaction, de
SON ZÈLE , DE SA POPULARITÉ *dans l'exécu-*
tion de la loi , dont il étoit chargée , etc.

Aucune loi ne prononce l'abdication d'un
député en exercice, qui auroit DIT , FAIT ET
ÉCRIT *quelque chose de nuisible à la justice, à*
l'ordre et à la liberté , et qui, par ses moyens ,
auroit nuit à la chose publique; elle le couvre,
au contraire, de son égide. Il est dans ses
fonctions individuellement, et dans le silence
de la loi, dans une classe d'inviolabilité, plus
étendue que le roi constitutionnel. Si, dans
l'un de ces cas, on proposoit aujourd'hui la
question de savoir , *si un député peut être*
mis en jugement , avec quelle énergie, avec
quelle chaleur et quelle vérité ne se prévau-
droit-on pas justement de la loi constitu-

tionnelle du contrat, mutuellement obliga-
toire entre le représentant et la nation.

Mais, dit-on, « la royauté est abolie, et
» Louis XVI, coupable, restera impuui».
Il m'est inutile d'approfondir les accusations
dirigées contre lui. Quelles quelles soient,
elles se renferment dans l'article VI de la
constitution, au titre de la royauté, *qui les
a prévus et en a prononcé la peine.* A moins
de vouloir obstinément fronder la loi ; et dans
ce cas, c'est prêcher l'assassinat et le prémé.
diter ; il est impossible de ne pas se rendre à
sa volonté, quand elle est démontré si litté-
rallement, d'une manière aussi sensible,
aussi palpable, et aussi lumineuse.

Je répondrai à cette seconde question, qui
est plus fortement empreinte de passion et de
mauvaise foi que toutes les autres qu'on agite
dans cette affaire, que le dix août dernier le
roi a subi sa peine, par *la suspension* prononcée ce jour contre lui ; et alors, jusques
six semaines après, le chapitre de la royauté
n'étoit pas rayé de la constitution. La suspension a été une véritable déchéance par le
fait ; dans le droit, elle ne pouvoit avoir lieu
qu'après avoir *jugé les faits* qui devoient
entraîner l'abdication présumée. Cette suspension

pension est une peine d'autant plus sensible, que la prison s'en est suivie. Cette peine a été arbitraire ; elle n'étoit prononcée par aucune loi, si elle peut être excusable en raison de l'empire des circonstances, ce n'est que dans le cas où, par une compensation juste, elle seroit l'équivalent de la déchéance.

La royauté est abolie ; Lous XVI est donc déchu. Qui a entraîné cette abolition, cette déchéance ? Ne sont-ce pas les délits qu'on impute à Louis XVI ? Dès-lors que ce sont ces délits qui ont provoqué l'un et l'autre, l'article VI du titre de la royauté, est exécuté et au-delà.

Louis XVI, soit comme roi, soit comme individu, ne peut être considéré, dans quelque position qu'on le mette, avant l'abolition de la royauté, que comme roi constitutionnel. Il n'existe depuis aucune loi qui puisse l'atteindre sur ses faits personnels, antérieure à cette abolition ; en existeroit-il, elles ne peuvent avoir d'effet rétroactif. La convention nationale vient de consacrer ce principe, par rapport à un accusé convaincu d'avoir crocheté une porte sans avoir volé, parce qu'il a été saisi avant d'avoir consommé le délit. Dans le silence de la loi , il ne peut être condamné comme voleur : je rapporte la lettre du décret de la convention. Tous les citoyens doivent participer à cette même Justice. Depuis la suspension de Louis XVI , depuis son abdication , jugée formelle et légale , par l'abolition de la royauté , *le roi n'existe plus. Capet est un simple citoyen;* la loi veille sur lui , elle le protège , *il est homme......*

D'après ces développemens simples et concluans , des principes de la loi et de la justice éternelle , il n'est pas présumable que la convention nationale se laissera entraîner par des passions momentanées , il n'est pas présumable , qu'au centre de la capitale elle puisse craindre d'avoir été fidèle aux principes ; sa force morale est dans l'exécution de la loi ; sa force physique et vengeresse est dans les quatre - vingt - trois départemens. Croyons qu'impassible , comme elle ordonne aux dépositaires de ses oracles de l'être , elle rejettera , loin d'elle , tous ces petits moyens dont on l'environne , pour lui faire commettre une injustice , et la conduire à sa dissolution.

J'entends des citoyens inquiets de la situation de Capet, se demander que deviendrat-il ? Son sort est décidé ; il est présumé légalement avoir abdiqué ; la royauté est abolie par son fait, il est simple citoyen. Il seroit aussi injuste de le tenir captif, qu'il le seroit de le juger deux fois. Encore une fois, la justice du souverain a prononcée ; qui peut donc le retenir......?

Son héritage sera celui de ses pères. La nation a supprimé la liste civile, elle n'a pas confisqué sa propriété individuelle. Le premier des Capet qui épousa une Bourbon, en acquit des biens, considérés comme immenses alors. Ils appartiennent aux Capet; ils suffiront pour leur subsistance ; ils ne seront point exposés à la pitié et aux vices, que de cruels refus enfantent souvent. Capet et sa famille, libres et citoyens, seront assujettis, comme tous les autres Français, aux loix de l'émigration, aux loix de police générales et particulières.

Craindroit-on que les Capet émigrés se coalisassent avec les ennemis de la république pour nous subjuguer, ou que, dans l'intérieur, ils ne fomentent un parti ?

La surveillance de nos loix , de nos magis-
trats et de nos sociétés populaires , ne nous
garantissent - elles pas de ce dernier motif de
crainte ? Nos armées , toujours victorieuses ;
l'assentiment universel , notre volonté , notre
union , qui nous rendent invincibles, ne nous
garantiroient-ils pas enfin des efforts des conjurés , quelque fût leur nombre. Rappelons-
nous que les motifs réels ou apparens , de
leurs hostilités , de leurs attaques , étoient la
captivité des Capet et la crainte qu'ils ne
fussent sacrifiés.... Qu'ils ont mal jugés la
nation , ces conjurés !.... Pour avoir voulu ,
et pour être libre , elle n'a pas cessé d'être
juste et généreuse ; elle n'a conquis si chè-
rement sa liberté , que pour pratiquer plus
souvent , plus sensiblement ces vertus pré-
cieuses qui la caractérisent ; elle a aboli la
royauté ; mais le dernier roi sera libre et citoyen , voilà ses garans.

Quels motifs les puissances étrangères au-
ront-elles , désormais , pour exposer leurs
trésors , leurs sujets , à venir échouer contre
notre courage et nos inviolables sermens ?
Aucun , et dès-lors ils ne tenteront plus de
nous subjuguer. Quels plus grands exemples

de justice et de modération pouvons-nous
donner à tous les peuples pour desirer la
liberté et la conquérir : cessons donc de nous
occuper de débats oiseux et attrabilaires.

Législateurs ! portez vos regards sur nos
premiers besoins ; veillez d'une part à notre subsistance , sur-tout à celle du pauvre , qui doit
être le premier objet de vos sollicitudes ;
travaillez à nous donner une bonne constitution et des loix sages ; travaillez-y sans
relâche et dans le sein de la paix , faites
que le fer ennemi ne moissonne plus nos
guerriers ; que le sang de nos frères ne
coule plus ; alors les étrangers , envieux de
notre sort , viendront admirer notre gou-
vernement et nos campagnes , ils s'y com-
plairont ; le commerce , l'industrie et les
arts renaîtront et fleuriront. Pour récom-
pense de vos bienfaisans travaux , vous en-
tendrez chaque citoyen se dire : Que je suis
heureux d'être né dans ce pays et de l'ha-
biter ! O que ma patrie est belle et glorieuse !
je donnerois , pour elle , mon sang. Tous
les français chanteront , chaque jour , les
louanges de nos guerriers , des pères de la
patrie. Ils se rejouiront avec vous d'avoir

contribué à sa défense , à sa constitution ; en un mot , à son bonheur , et de contribuer encore à ses besoins.

RISTON , homme de loi.

Ce 26 novembre 1792 , l'an premier de la République française.